CRISTALES
Unicornios

Título original: *Crystal fun: Unicorns*
© 2024 de la edición original: Gemini Children Books Ltd,
parte de Gemini Books Group
© 2025 de la edición española: Grupo Edebé
Paseo de San Juan Bosco, 62
08017 Barcelona. España
© de la traducción: Remedios Diéguez Diéguez

Dirección editorial de Publicaciones no ficción: Marta Sans
Editora: Claudia Sabater
ISBN: 978-84-683-7061-3
Depósito legal: B 9988-2024
Impreso en Zhejiang, China – *Printed in Zhejiang, China*
Las piezas para decorar de este libro (cristales) son de poliestireno.

edebé

¿Cómo se utiliza el kit?

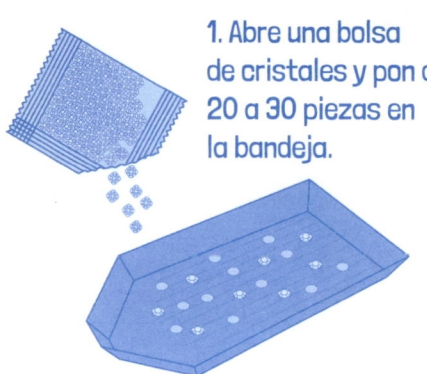

1. Abre una bolsa de cristales y pon de 20 a 30 piezas en la bandeja.

2. Agita un poco la bandeja. Los cristales tienen que quedar con el lado metalizado hacia abajo y la parte de color hacia arriba. Así estarán orientados en la dirección correcta para utilizarlos.

3. Despega la hoja adhesiva de una página. Recoloca siempre las hojas adhesivas antes de cerrar el libro o pasar página.

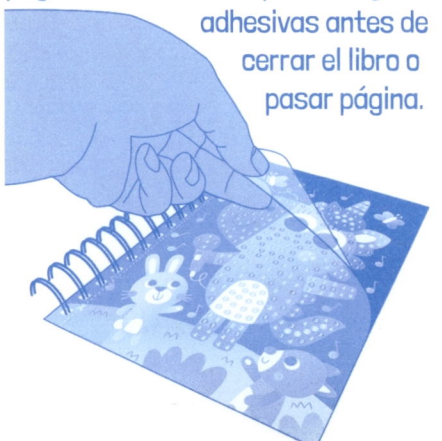

4. Introduce el aplicador en el pegamento para impregnar la punta. Aplica un poco de pega en el lado coloreado de un cristal.

5. Pega el cristal en el número correspondiente de la página (tienes la clave a continuación). Cuando el aplicador ya no pegue, introdúcelo de nuevo en el pegamento.

Rojo: 1
Rosa: 2
Morado: 3
Azul: 4
Amarillo anaranjado: 5

6. Sigue aplicando los cristales hasta cubrir toda la página. Cuando acabes, puedes retirar la hoja adhesiva. ¡Ya has terminado tu deslumbrante obra de arte!

Noche estrellada

Estos unicornios tan bonitos de color rosa
esparcen estrellas dondequiera que van.

Manchitas

Los unicornios Manchitas tienen motas
en su precioso pelaje de colores pastel.

Rayo de Sol

Los unicornios Rayo de Sol tienen el pelaje naranja
y adoran retozar al calor del Sol.

Melodía mágica

Estos unicornios cantan a las criaturas del bosque
y tocan una música maravillosa con sus cuernos.

Cambiaformas

Los Cambiaformas se transforman en lo que quieran, pero su verdadera forma es un potrillo morado.

Peludín de ensueño

¡Estos unicornios atraviesan portales mágicos
para entrar en tus sueños más disparatados!

Luz de Luna

El pelaje azul plateado de los unicornios Luz de Luna
brilla como la luz de la Luna en el mar.

Encanto arco iris

Las crines y las colas de estos unicornios
lucen todos los colores del arco iris.

Montaña mística
Estos unicornios tímidos y reservados
viven en montañas frías y nevadas.

Torbellino de ilusión

¡Estos unicornios traviesos están siempre listos para vivir aventuras emocionantes!

Gracia galáctica

El pelaje de estos unicornios parece reflejar todas
las galaxias deslumbrantes del universo.

Corazón mimoso

A estos unicornios les encanta abrazar
a las criaturas del bosque y repartir amor.

Guerrero errante

Estos valientes unicornios protegen
el reino mágico y a sus amigos del bosque.

Mirada de zafiro

Los ojos azules de estos unicornios aportan
alegría a todo el que los contempla.

Bruma plateada

Son unicornios de pelaje plateado
que solo aparecen con la bruma matinal del bosque.

Regordete

Estos unicornios rollizos y regordetes transmiten
bondad con sus grandes y brillantes ojos.

Maravilla voladora

Esta es una raza especial de unicornios
voladores con grandes alas de águila.

Aguamarina

Estos unicornios viven bajo el agua y nadan
con sirenas en los lagos encantados.

Cuerno de cristal

Estos unicornios tienen cuernos de cristales
de colores con poderes mágicos curativos.

Cola mullida

Los más graciosos del reino de los unicornios
lucen una cola esponjosa que parece un pompón.

Minimaravilla

Estos unicornios de adorables patitas cortas
parecen potrillos durante toda su vida.

Viajero de las nubes
Son preciosos unicornios azules
que vuelan entre las nubes.